Inhalt

Wir danken sehr herzlich Ria und Ulli Böttcher, die uns mit ihren
Golden Retriever Hunden aus dem VDH-DRC Zwinger
von der Fuldaaue auf vielfältige Weise unterstützt haben,
sowie unserem Tierarzt,
Herrn Dr. med.vet. Olaf Wappler für die Betreuung.

Brunnenstraße 7, D-34286 Spangenberg
Tel.: 05663/280, Fax: 05663/6562
e-Mail: fischer-nagel@t-online.de URL: www.fischer-nagel.de

Alle Fotos und Layout: Andreas Fischer-Nagel
außer: über shutterstock U1: otsphoto; U4: bigandt.com
Druck: Grafisches Centrum Cuno GmbH & Co.KG
ISBN: 978-3-930038-86-2

Heiderose und Andreas Fischer-Nagel

Sechs Welpen für Nelli

Verlag Heiderose Fischer-Nagel

Nelli ist eine dreijährige Golden Retriever-Hündin.
Golden Retriever sind eine alte Hunderasse, die im Jahre 1864 in England gezüchtet wurde. Verschiedene Hunderassen, wie Labrador, Setter, Spaniel, Bluthund und russischer Schäferhund wurden eingekreuzt, bis der heutige Retriever mit seinem Aussehen und seinen Wesensmerkmalen entstand. Der Name Retriever bedeutet übersetzt »Retter« und bezieht sich auf ihre besondere Fähigkeit etwas zurückzubringen, etwas zu apportieren. Diese Hunde bringen Beute, Spielzeug und alles, was sie fassen können, mit großer Freude zurück, wenn sie darauf abgerichtet sind. Früher wurden sie deshalb bei der Jagd eingesetzt und holten die Beute auch, wenn sie ins Wasser gefallen war. Retriever lieben das Wasser, eine Eigenschaft, die sie von den Spaniels vererbt bekamen.
Sie gehören zu den Hunderassen, die gehorsam, freundlich und geduldig sind, besonders gegenüber ihrer Familie.

Alle Hunde stammen vom Wolf ab

Hunde gibt es seit ungefähr 40 Millionen Jahren. Alle Hunderassen stammen vom Wolf ab. Wölfe leben in Freiheit in einem Rudel. Das Rudel führt der Leitwolf, manchmal gemeinsam mit einer Gefährtin,weil er stärker, schlauer und vor allem erfahrener ist als die anderen Tiere des Rudels. Vor ungefähr 10 000 bis 12 000 Jahren wurde der Wolf zum Gefährten des Menschen und nahm ihn als Rudelführer an. Im Laufe der Zeit entwickelte er sich zu einem wertvollen Gehilfen bei der Jagd, einem Schutzhund für die Menschen und einem Hüter ihrer Herden.

Treu und wachsam

Mit der Zeit entstanden durch Zucht ganz unterschiedliche Hunderassen. Vielen siehst du »den Wolf« gar nicht mehr an. Auch wenn sie oft ganz unterschiedliche Aufgaben übernommen haben, z.B. als Jagd-, Schutz- oder Hütehunde, so sind Hunde überwiegend liebenswerte Haustiere, die uns viel Freude bereiten. Viele von ihnen gehören einfach zur Familie. Wir gehen mit ihnen spazieren, lieben und pflegen sie.

Kaum ein Tier zeigt einem so deutlich seine Treue und Zuneigung wie ein Hund. Sie freuen sich riesig, wenn wir nach Hause kommen, sie schlafen in unserer Nähe und stupsen uns mit ihrer feuchten Nase an, wenn wir traurig sind. Sie spielen wunderbar und werfen sich begeistert auf den Rücken, wenn sie sich freuen. Sie bellen freudig aufgeregt oder um uns zu alarmieren. Sie rennen, springen hin und her oder wedeln mit dem Schwanz. Leicht zu erkennen ist, wenn Hunde böse sind. Dann knurren sie drohend, ziehen ihre Lefzen zurück und bellen wütend.
Ihr Befinden und ihre Gefühle sind leicht von jedem Menschen zu verstehen.

Ein Hundemann für Nelli

In diesem Sommer soll Nelli das erste Mal Junge bekommen. Noch weiß sie nichts davon, sondern geht gemütlich mit ihrer Mutter, ihrer Schwester und mit Frauchen im Wald spazieren. Die drei Hündinnen spielen gerne, aber sobald Frauchen oder Herrchen pfeifen, kommen sie sofort herbei. Retriver gehorchen ganz anders als Dackel. Der kleine Frechdachs ist zwar ein ganz lieber, macht aber meist, was er will, ist etwas eigensinnig und überhört das Pfeifen seiner Leute meist ganz gerne.

Zweimal im Jahr wird eine Hündin läufig, das heißt, dass sie zweimal im Jahre Junge bekommen kann. In dieser Zeit verliert sie aus der Scheide ein wenig Blut. Zwischen dem achten und dem dreizehnten Tag der Läufigkeit nimmt die Hündin den Samen eines Rüden besonders gut auf. Als Nelli soweit ist, bringen Frauchen und Herrchen sie zum »Decken«, das heißt zur Paarung mit dem Zuchtrüden Lucca.

Nelli ♀ ∞ ♂ Lucca

Der Rüde

Lucca ist ein ausgesprochen schöner Hundemann und hat einen Stammbaum, der Auskunft über seine edle Herkunft gibt. Sein teilweise gewelltes Fell leuchtet in der Sonne etwas golden. Er ist kräftig gebaut und erreicht bis zur Schulter eine Höhe von 61 cm. Seine schönen Ohren hängen bis zu den Mundwinkeln herab. Aus der Mitte des Gesichts schnuppert er uns mit seiner schwarzen großen Nase aufmerksam an. Nicht nur, dass er eine perfekte Ahnentafel hat, er gehört auch zu den besonders lernfähigen Hunden, ist mit gutmütigem, ruhigem Temperament ausgestattet und hat auf vielen Leistungsschauen den 1. Platz gewonnen. Golden Retriever werden für unterschiedliche Dinge eingesetzt: bei der Fährtenarbeit, dem »Dummytraining« (zum Beispiel zum Holen von »Beute« aus dem Wasser), in einer Rettungshundestaffel, als Jagdhunde, Blindenführhunde oder als Familienhunde.

Wie alle Hunde geht Lucca gern spazieren, spielt mit dem Ball, apportiert etwas aus dem Wasser oder stöbert nach versteckten Dingen. Manche Eigenschaften sind ihm angeboren. Sie müssen gefördert werden, um sich besonders gut entwickeln zu können. Je mehr man mit einem Hund übt, um so besser behält er das Erlernte und wendet es mühelos immer wieder an. Das ist so wie bei dir in der Schule: Wenn du fleißig bist und übst, erreichst du Supernoten in der Schule.

Die Tragzeit

Vom Moment der Paarung bis hin zur Geburt vergehen insgesamt 63 Tage. Diese Zeit nennen wir Tragzeit.
Erst nach einiger Zeit können wir sehen, wie Nellis Bauch an Umfang zunimmt. Wie viele Welpen haben wohl in ihrem Bauch Platz? Eins, zwei, drei oder sieben? Das kann sehr unterschiedlich sein.
Ria und Ulli warten schon gespannt auf die Geburt der Welpen. Sie haben einen extra Raum dafür hergerichtet und einen Platz mit einer schönen blauen Decke ausgelegt, auf dem die Hundebabys das Licht der Welt erblicken sollen. Ab und zu legt sich Nelli schon darauf und schnuppert die Decke an. Ob sie weiß, was sie dort soll?
Eines Nachts wird Nelli ganz unruhig und läuft hin und her. In Abständen wandert sie zu ihrer blauen Decke, schnuppert und scharrt, schiebt die Decke zu einer Kuhle zusammen und legt sich hin. Sie guckt auf ihren Bauch. Bewegt sich dort nicht etwas? Ab und an sieht es aus, als ob von innen etwas gegen die Bauchdecke schiebt.
Nelli springt wieder auf, dreht sich im Kreis. Leise spricht Frauchen Ria mit ihrer Hündin, streichelt liebevoll ihren Kopf und sitzt bei ihr auf dem Lager. Sie hält Wache und beruhigt die junge Hündin, die zum ersten Mal Junge bekommt.

Doch Nelli lässt sich kaum beruhigen. Sie steht immer wieder auf und bereitet ihr Wurfnest neu. Ria sieht, dass Nelli Schmerzen hat.
Das ist ein natürlicher Schmerz, ein Muskelziehen, das verrät, dass die Geburt unmittelbar bevorsteht.
Wie ihre Vorfahren, die Wölfe, stampft Nelli immer wieder ihr Lager zurecht. Wölfe scharren Steine und Zweige zur Seite, um eine glatte Mulde zu schaffen. Dieses Verhalten zeigen sehr viele Tierarten.

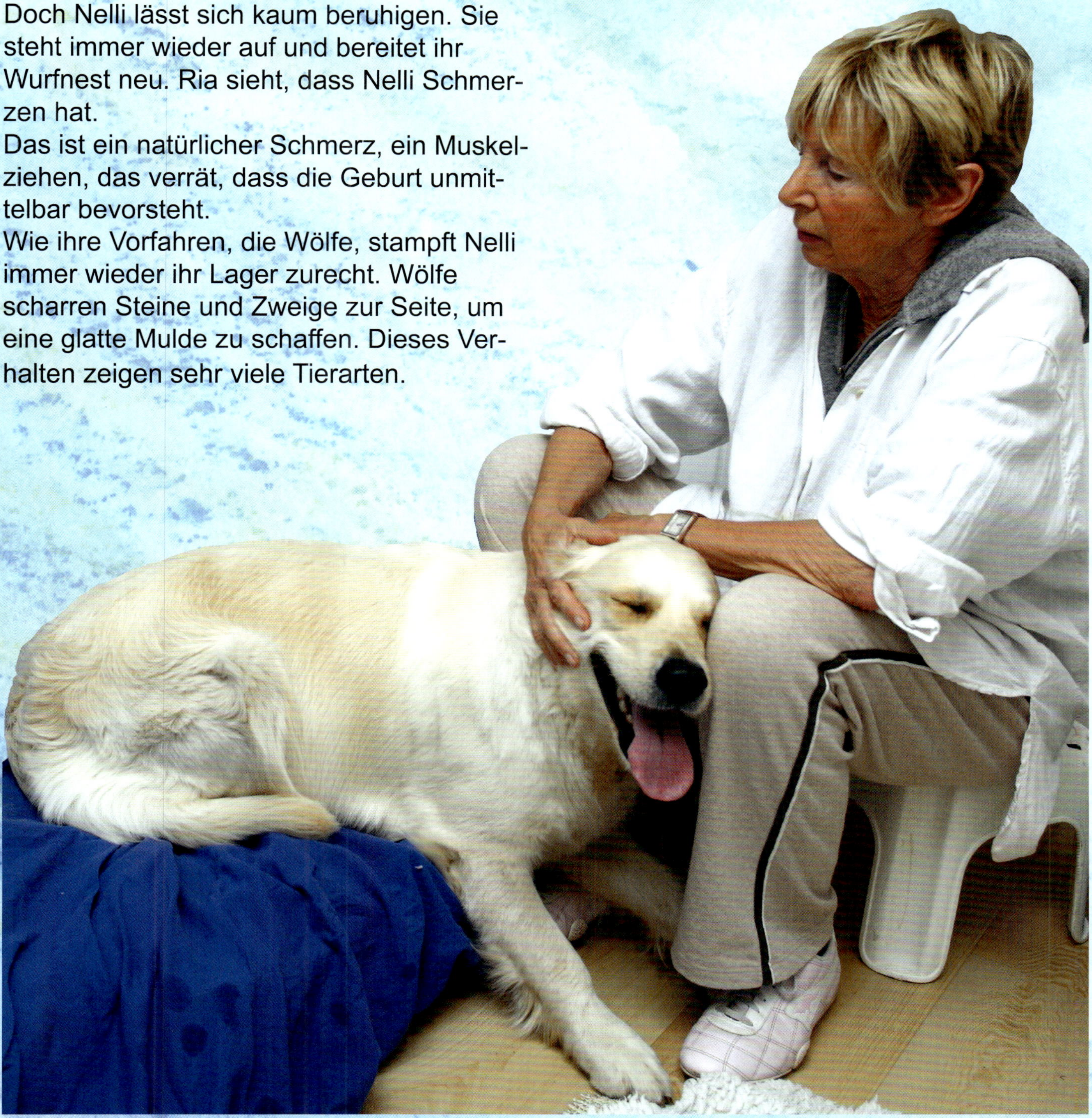

Nellis Babys

Endlich ist es soweit:
Nelli schaut auf ihren Bauch und wir sehen deutlich die Wehen, die zur Geburt dazugehören und mit deren Hilfe die Hündin die Jungen aus ihrer Scheide herauspresst. Plötzlich wird etwas Helles sichtbar und rutscht zwischen den Hinterbeinen auf die Decke. Der erste Welpe ist geboren. Noch sieht er unförmig und ein wenig glitschig aus, denn er steckt noch in der Fruchthülle, die Nelli rasch aufreißt und ableckt. Nun kann das Junge atmen, denn diese Hülle hat sogar die Nasenlöcher und das Maul verschlossen.

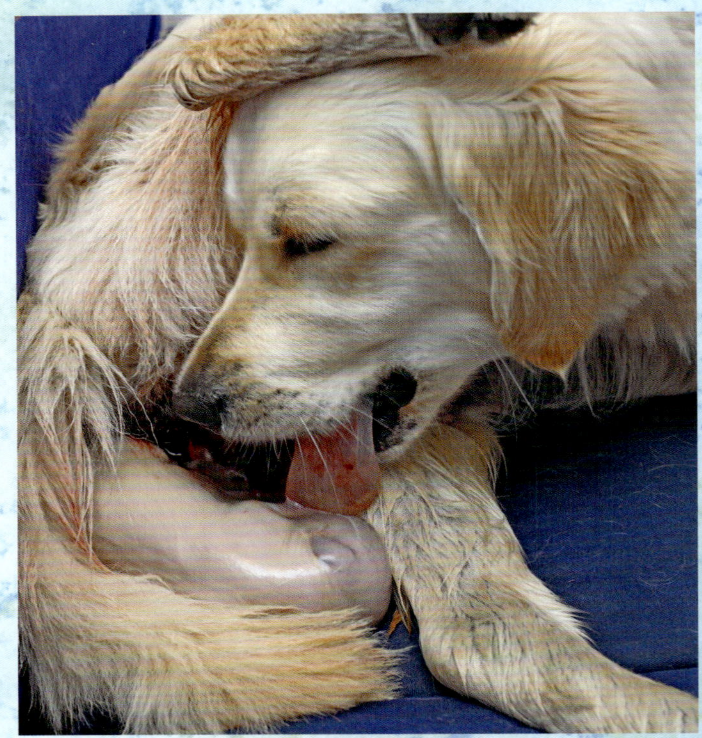

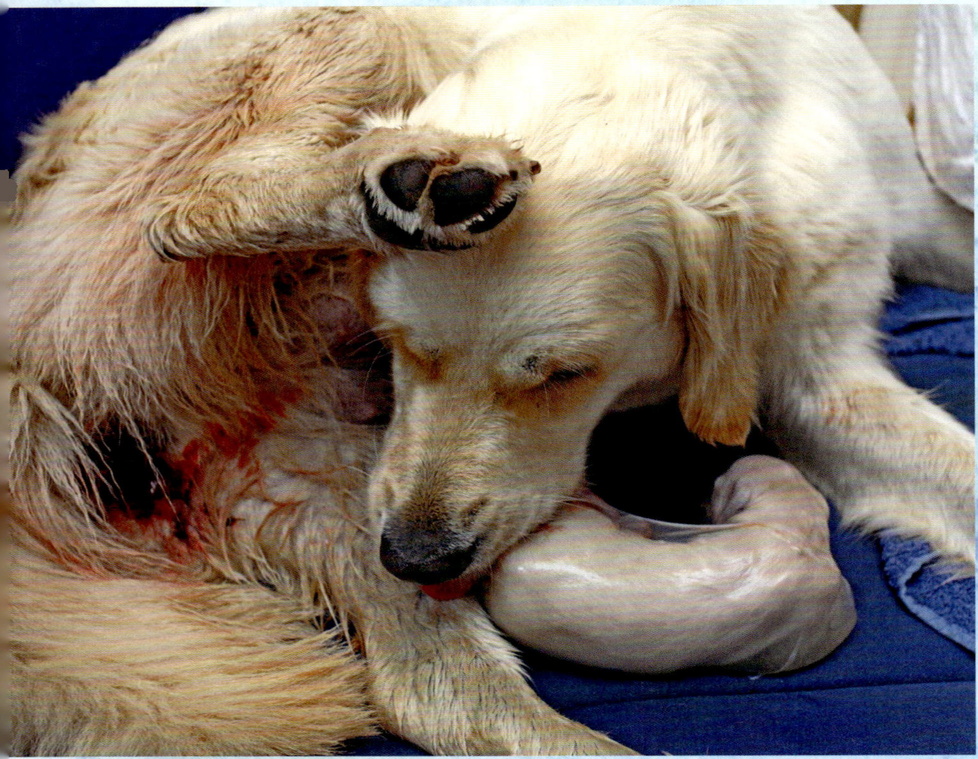

Ein strammer Bursche ist der Kleine, gut genährt, und sieht mit seinem riesigen Kopf und den kleinen Beinchen wie eine dicke weiße »Wurst« mit Schwänzchen aus.
Im Bauch der Mutter lebt der Welpe gut geschützt gegen Stöße von außen. Dafür sorgt die mit Fruchtwasser gefüllte Fruchtblase, die nun kurz vor der Geburt platzt. Das Fruchtwasser sickert heraus. Nur eine Haut umgibt noch das Junge. Jetzt beißt Nelli die Nabelschnur durch, über die das Junge mit ihr

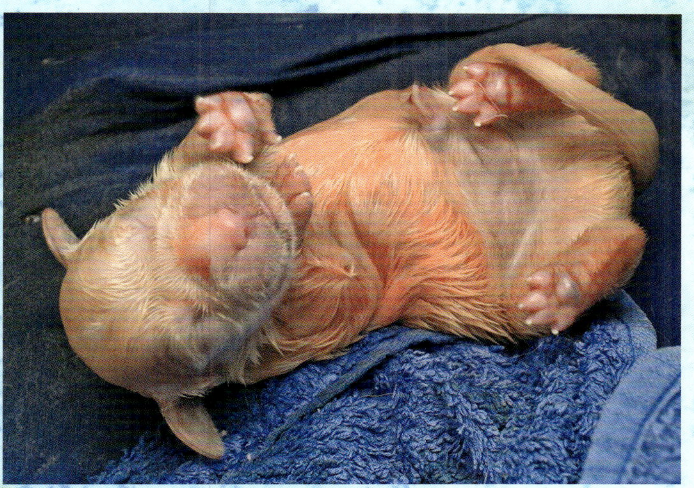

verbunden war und über die es in den 63 Tagen Tragzeit Nahrung und Sauerstoff erhalten hat.
Endlich sehen wir den großen Kopf des kleinen Welpen genauer:

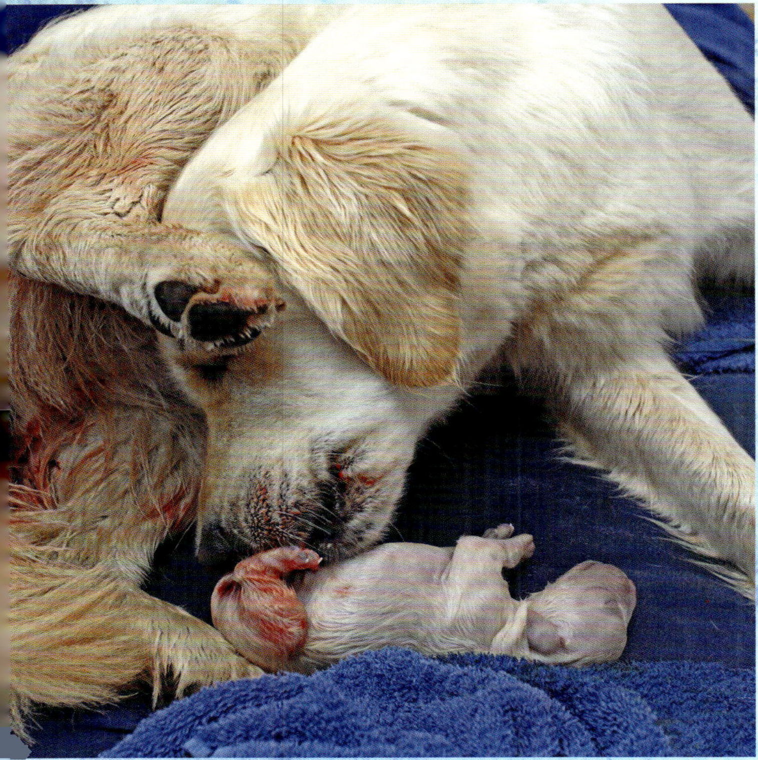

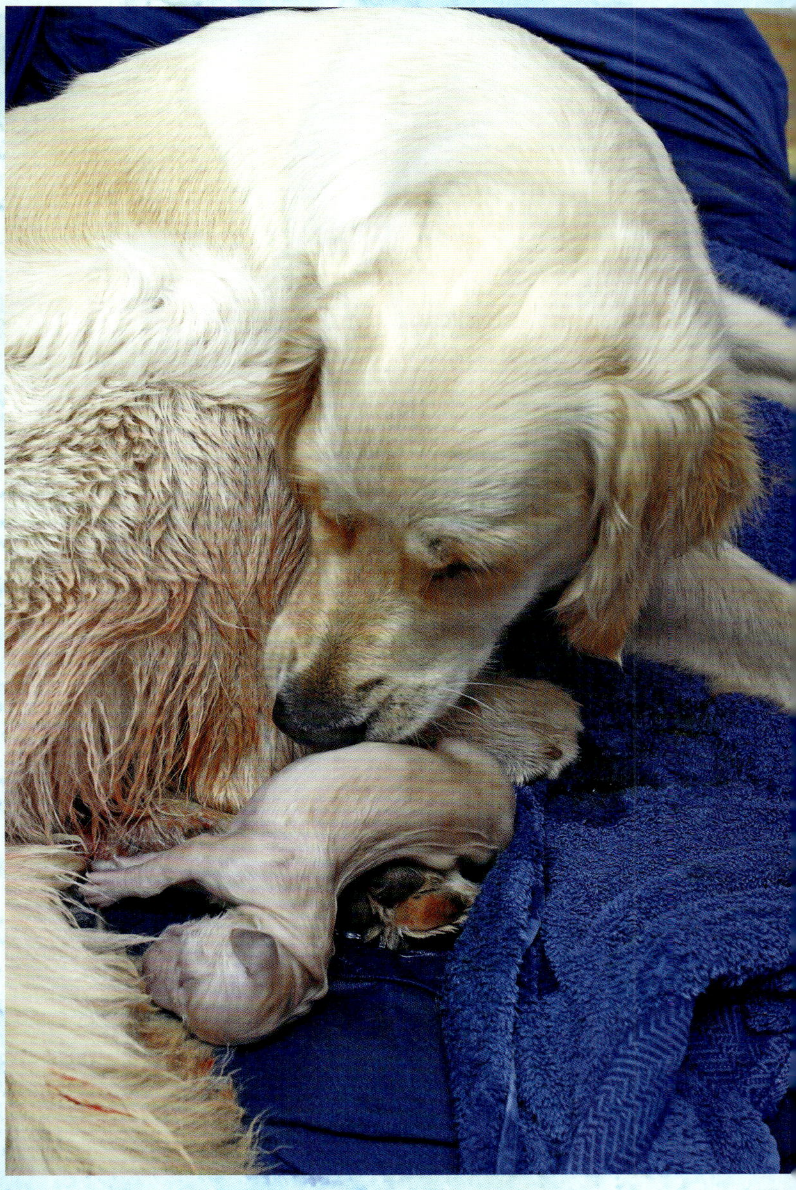

Hundewelpen kommen blind und taub auf die Welt. Die Augen und Ohren sind noch geschlossen. Erst am zehnten Tag öffnen sie ihre Augen, dann etwas später die Ohren, wobei sie erst mit 21 Tagen richtig gut sehen können. Gerüche nehmen sie mit 14 bis 18 Tagen wahr.

So klein und kuschelig!

Seht nur, wie niedlich! Trocken und sauber liegen die kleinen Hundebabys an Mamas Bauch gekuschelt. Sie sind zufrieden und satt. Kein Wunder, dass sie so gut schlummern. Das Fell der Welpen ist kurz und weich. Nase und Pfötchen sind unterschiedlich rosa und schwarz gefärbt - wenigstens daran kannst du die Kleinen unterscheiden. Schau dir nur mal so ein Pfötchen an! Ganz schön groß für so einen kleinen Hund. Beim Trinken treten die Jungen damit gegen den Bauch der Mutter und bringen damit den Milchfluss in Gang.

Und diese beiden? Zufrieden schlafen sie auf Mamas Bein. Wovon sie wohl träumen? Das würden wir zu gerne wissen. Manchmal bewegen sie im Traum ihre Pfötchen, so, als ob sie immer noch gegen Mamas Bauch treten würden.

Sechs auf einen Streich

Etwas wackelig krabbelt das Kleine zu den von der Milch nun prall angeschwollenen Zitzen. Es kann zwar nicht sehen und hören, aber es tastet sich näher an die warme Mutter heran, die es liebevoll mit der Schnauze unterstützt und zu den Zitzen schiebt. Mit seinen Pfötchen beginnt es den Bauch der Mutter leicht zu treten. Das Hundekind saugt an den Zitzen und die Milch fließt. Die allererste Milch ist ganz besonders nahrhaft und gehaltvoll. Man nennt sie »Kolostralmilch«.
Während der erste Welpe zufrieden trinkt, kommt der zweite auf die Welt, dann ein dritter, vierter, fünfter und...

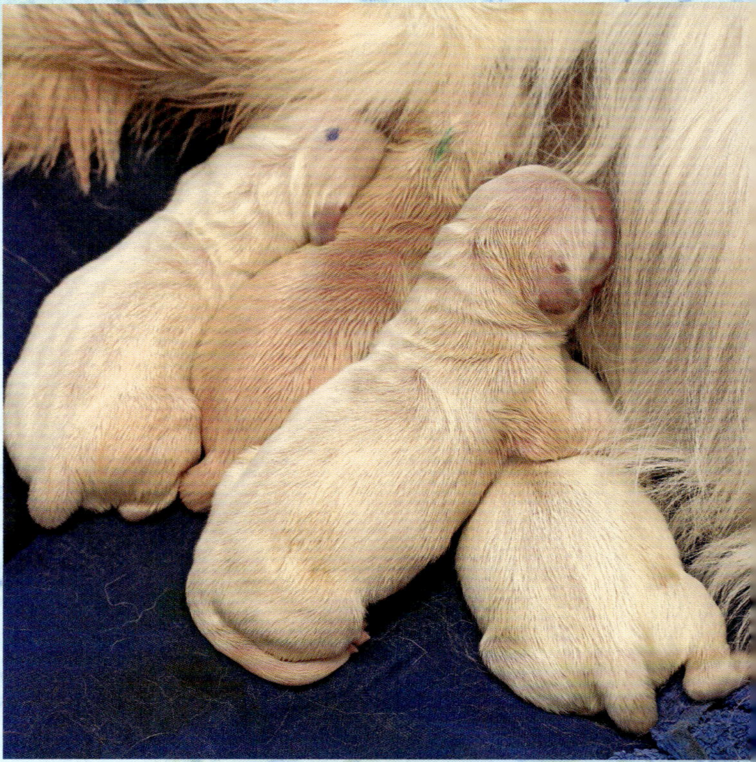

nach einer kurzen Pause tatsächlich noch ein sechster!

Sechs kleine Hundekinder für Nelli, wer hätte das gedacht? Es sind fünf Jungs und ein Mädchen. Damit Ria die Hundebabys voneinander unterscheiden kann, bekommt jedes einen farbigen Fleck mit ungiftigen Wachsstiften verpasst.

Jedes Hundekind wird gewogen. Schließlich muss Ria darauf achten, dass jeder Welpe in den nächsten Tagen und Wochen genug Milch trinkt und zunimmt.
Wärme und Geborgenheit gibt ihnen Nelli. Wenn sie mal kurz ihr Lager verlässt, rücken die Kleinen ganz dicht zusammen.

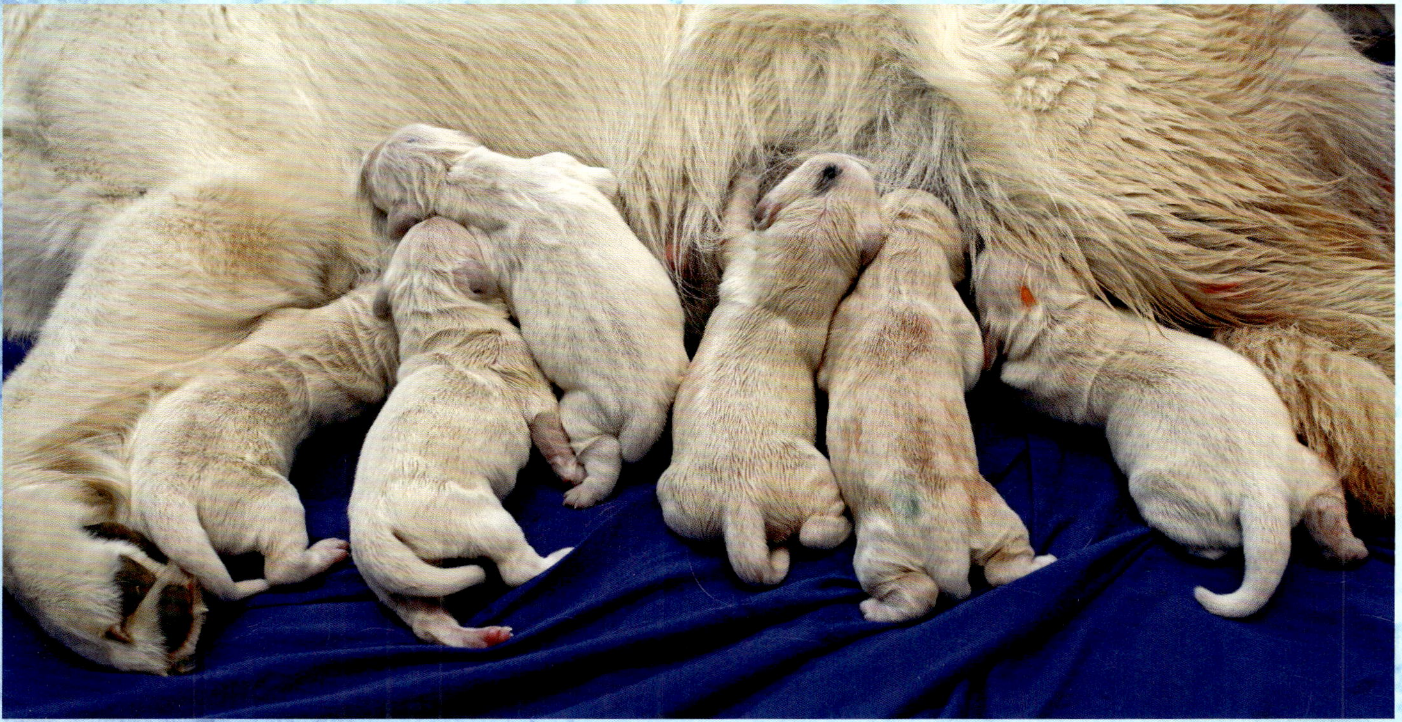

Besuch vom Tierarzt

Nellis Kinder sehen für uns alle gleich aus. Dick und rund, eines so weiß wie das andere, schmiegen sie sich an Mutters Bauch. Die Hundemama ist erschöpft. Zufrieden leckt sie Rias Hand, die ihr die ganze Zeit den Kopf gestreichelt hat. Ria schiebt Nelli eine neue Decke unter, weil die andere noch nass und blutig von der Geburt ist.

Sie nimmt die »Nachgeburt« weg, die die Tiere in der Natur auffressen, damit Feinde sie nicht riechen. Die Nachgeburt ist der sogenannte Mutterkuchen. Er schützt die Jungen im Bauch der Mutter und enthält außerdem die vielen Blutgefäße, über die die Jungen versorgt werden.

Ria wiegt die kleinen Hundekinder: Jedes bringt ungefähr 500 Gramm auf die Waage, mal etwas mehr und mal etwas weniger. Das ist so viel, als ob du zwei Stück Butter zusammen in einer Hand hältst.

Schon am nächsten Tag bekommt die Hundefamilie Besuch vom Tierarzt.

Ein gewissenhafter Hundezüchter achtet sehr auf die Gesundheit seiner Tiere. Jedes Hundekind wird deshalb gründlich untersucht.

Der Tierarzt überprüft, ob der Welpe richtig schlucken kann, gut abgenabelt ist, sein Herz richtig schlägt und die Atmung funktioniert. Er guckt sogar, ob der Schwanz gerade ist. Bei allem vergisst er nicht, nach der Hundemama zu schauen. Wir mögen unseren Tierarzt, denn bei ihm merken wir immer wieder, wie sehr er Tiere liebt. Jedes Hündchen wird von ihm gebührend bewundert!

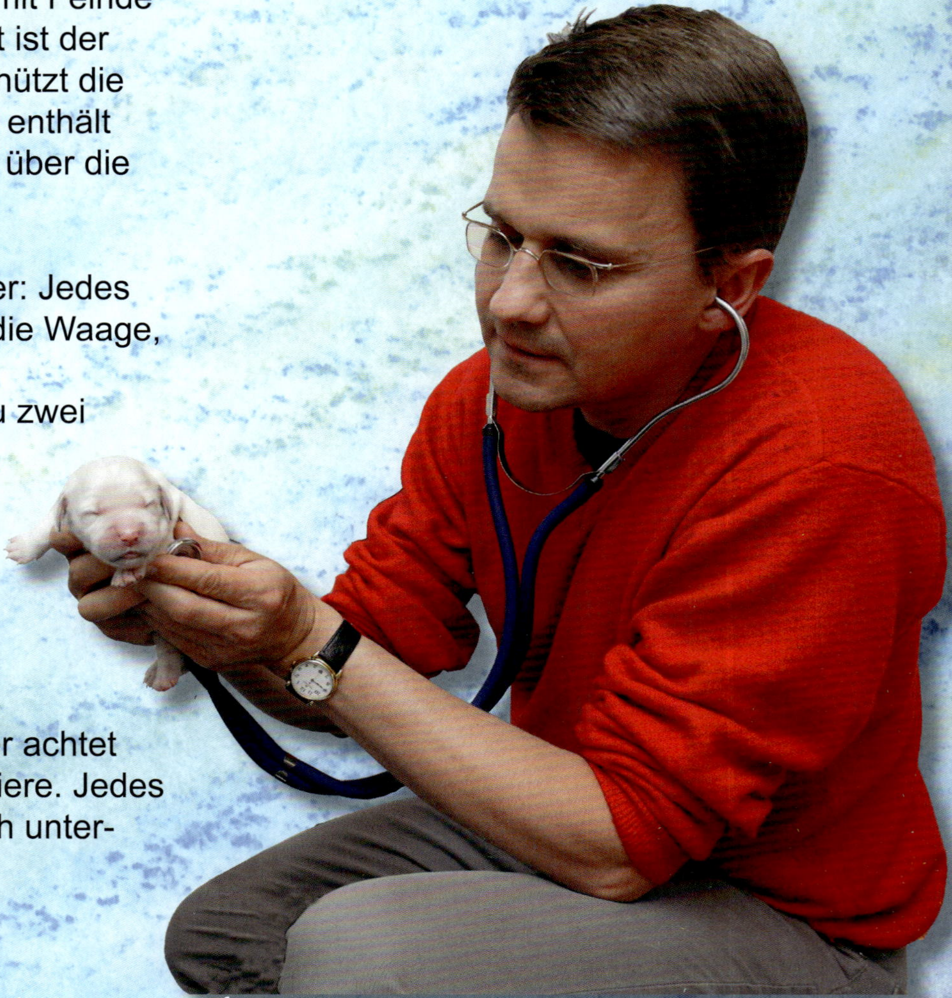

Augen auf und los!

Endlich am 12.Tag öffnet das erste Hundekind die Augen. Erst ist es nur ein kleiner Schlitz, aber nach einigen Stunden gucken uns große schwarze Augen verträumt an.

Sie sehen noch ein wenig verklebt aus, ein bisschen bläulich und verschwommen.
Die jungen Hunde sehen damit zuerst noch nicht so gut. Die Pupillen rollen anfangs ein wenig unkontrolliert hin und her.

Sobald sie aber alle gucken können, kommt Bewegung ins Körbchen.

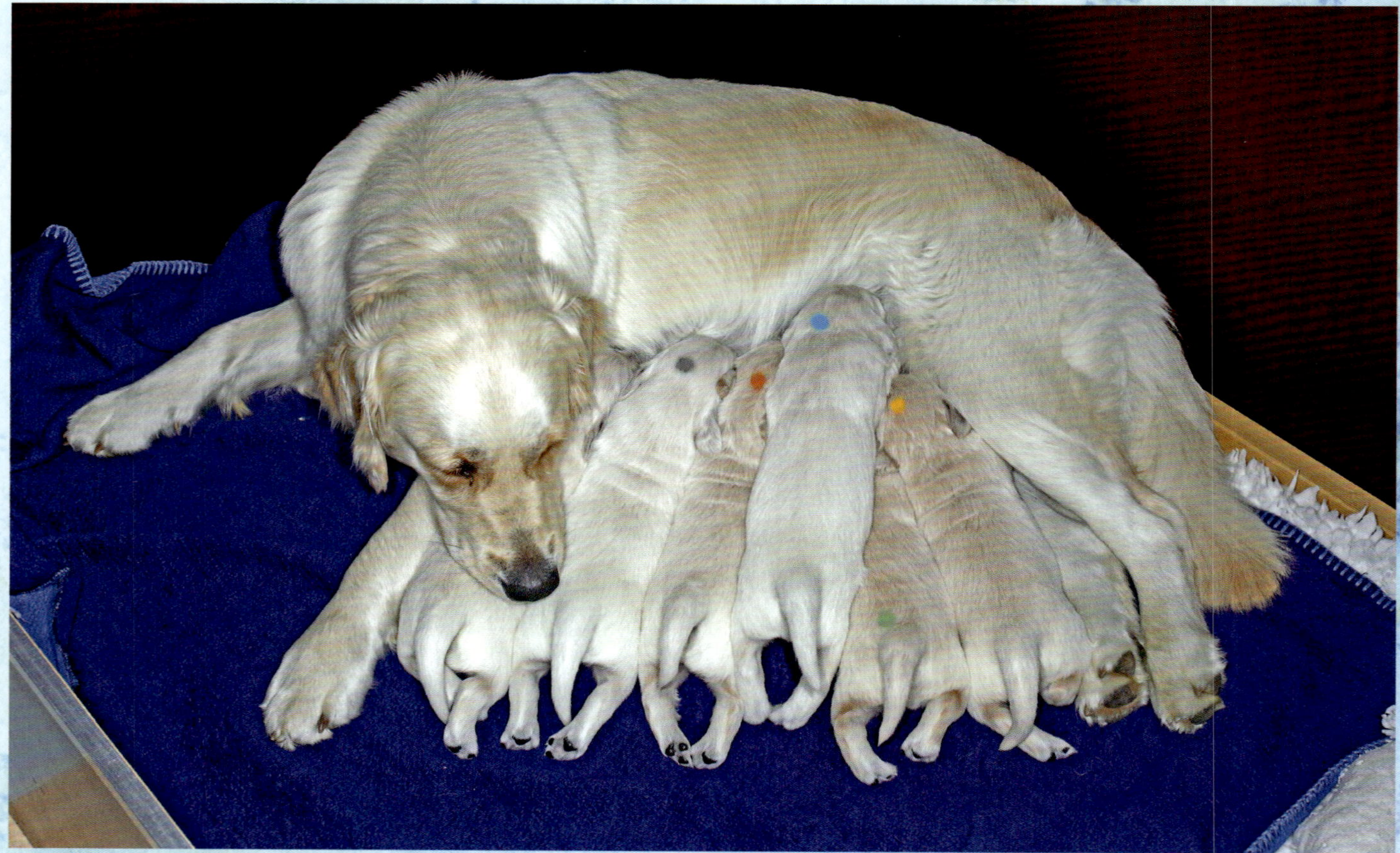

Die Welpen werden von Tag zu Tag munterer und beginnen zu spielen: Sie balgen und kämpfen miteinander. Sie reißen ihre Mäulchen auf und schlafen plötzlich wieder. Dabei liegen sie kreuz und quer, über- und untereinander. Jedes Spiel dauert zuerst nur wenige Minuten. Dann ist die kleine Rasselbande müde. Schwer sinken die großen Köpfe auf das weiche Lager.

Hunde sind Spürnasen

Hunde riechen über hundertmal besser als wir. Ein Schäferhund zum Beispiel hat 225 Millionen Riechzellen auf seiner Nasenschleimhaut. Ein Mensch dagegen besitzt gerade mal 10 Millionen!
Hunde nehmen Spuren auf und helfen damit dem Menschen, etwas oder jemanden zu finden.
Jagdhunde spüren Wild auf. Polizeihunde finden anhand eines Geruchs vermisste Menschen und verlorene Dinge oder sind darauf spezialisiert, Rauschgift, Sprengstoff und Ähnliches zu erschnüffeln.

Rettungshunde stöbern Menschen in großen Schneemassen auf, wenn sie verschüttet sind.
Nur im Wasser – da verlieren sie leider die Spur.

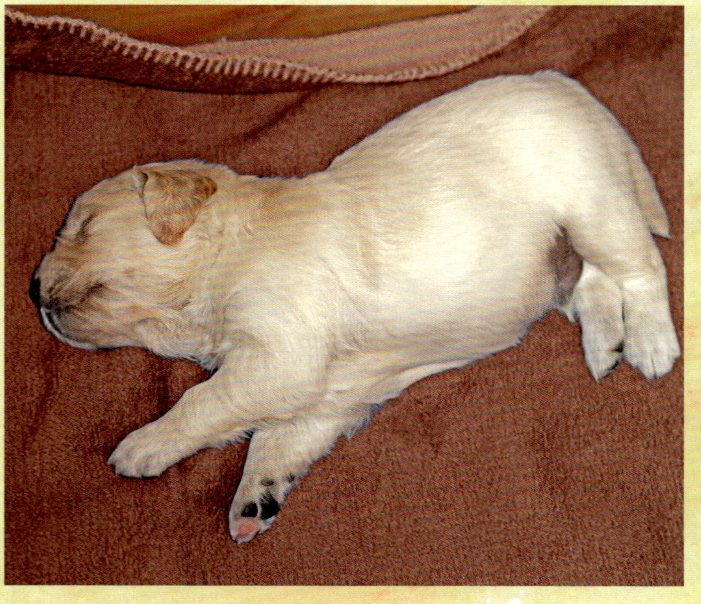

Neben ihrer hervorragenden Nase haben Hunde ein tolles Gehör. Hohe Töne, die wir nicht hören können, nehmen sie problemlos wahr. Fremde Geräusche lassen sie wachsam sein. Selbst wenn sie schlafen, passen die Ohren sozusagen weiterhin auf.

Mit ihren Augen sehen sie nicht so bunt wie wir. Eher nur schwarzweiß oder grau, wenn etwas rot und grün ist. Nur blaue oder gelbe Dinge scheinen sie farbiger zu sehen .

Viel spannender sind bewegte Dinge, selbst wenn sie links, rechts oder gar hinter ihnen sind.Da hetzen sie gern hinterher. Manchmal richten sie ihren Blick in die Ferne und entdecken etwas. Das funktioniert aber nur dann, wenn sich dieses »Etwas« auch bewegt.

Fürsorgliche Hundemama

Aber so weit sind die kleinen Retriever noch lange nicht. Ihre wichtigsten Aufgaben sind Trinken und Schlafen.
Sobald sie genug Milch an Mutters Zitzen getrunken haben, wollen sie schlafen. Doch zuerst findet Mutters große Wäsche statt. Nelli schleckt mit ihrer rosa Zunge jedes Hundekind gründlich ab. Sie säubert es, nimmt auch Kot und Urin der Welpen auf und massiert mit ihrer rauen Zunge den kleinen Bauch, damit die Verdauung angeregt wird. Aber danach dürfen die Hundebabys schlafen.
Dicht aneinandergedrängt liegen die Hündchen auf einem Haufen, auf dem Bauch, dem Rücken oder auf der Seite. Am schönsten ist es, wenn Mama Nelli bei ihnen liegt. Doch die ist auch froh, wenn sie mal ein Pause hat .

So ein großer Kopf ist gar nicht leicht zu tragen. Erst mit zehn Tagen, wenn die Augen offen sind und die kleinen Schlappohren etwas hören, wird das Spiel der Welpen viel fröhlicher. Sie zwicken sich mit ihren scharfen kleinen Milchzähnchen gegenseitig in die Ohren, lecken mit der rosa Zunge über die Nase des Geschwisterchens, trotten balancierend auf dem Lager herum und fallen von einer Minute auf die andere wieder in den Schlaf.
Tja, so ein Hundeleben kann ja so anstrengend sein. Während sie schlafen, kannst du beobachten, dass auch Welpen träumen. Sie scheinen sogar zu lächeln, das denken wir zumindest. Ganz oft bewegen sie ihre kleinen Pfötchen im Schlaf, fiepen leise und schnaufen.
Längst sehen sie auch nicht mehr wie weiße Würste aus, sondern wie richtig flotte

kleine Mini-Retriever, den Schwanz nach hinten gestreckt, die großen Augen weit geöffnet, um auch ja nichts Spannendes in der Welt u verpassen.

Kleine Hunde wachsen schneller als man denkt. Vom 1. bis zum 43. Tag nehmen sie ungefähr 5 kg an Gewicht zu. Innerhalb von drei Tagen werden sie von da an 450 bis 600 g schwerer.

Umzug ins Gartenhaus

Ein Retrieverwelpe wiegt mit 8 Wochen ungefähr 8 bis 9 kg. Ist er eines Tages ausgewachsen, hast du ungefähr 36 kg Hund an der Leine. Wenn der in eine Richtung zieht, kannst du ihn kaum halten. Deshalb muss ein Hund gut erzogen sein. Das dauert seine Zeit.
Hunde lernen beim Spiel und durch die Erziehung durch uns Menschen.

Nelli und ihre Hundekinder ziehen deshalb ins Gartenhäuschen um. Hier gibt es jede Menge zu entdecken. Endlich mehr Platz für die kleine Rasselbande zum Spielen und Lernen!

Schnell zeigt sich dabei, wer der Stärkste ist.
Der kräftigste Welpe stellt sich an die Spitze der kleinen Gemeinschaft und wird zum Anführer. Würden wir nun eines seiner Geschwister etwas ärgern, würde er den Schwächeren verteidigen. Aber so weit ist es noch nicht.

Die Welpen sind jetzt vier Wochen alt. Etwas misstrauisch kommen sie heute aus dem Gartenhäuschen heraus und blinzeln in die Sonne. Alles fühlt sich fremd an: Der kühle Boden, das Gras unter den Pfötchen, und vor allem riecht es hier nach tausend verschiedenen Sachen. Das macht müde. Der kleine Caruso fällt am Fuß des Baumes nieder und macht erst einmal ein Nickerchen. Doch was ist das?

Ein neuer Zweibeiner ist in Sicht. Er ist viel kleiner als Ria und er riecht auch ein bisschen anders. Aber der kleine Zweibeiner ist nett.

Er nimmt das Hundemädchen Flortje auf den Arm und setzt sich mit ihr in den Schatten. Er krault das weiche Welpenfell und spricht ganz sanft. „Klingt lieb“, denkt Flortje und sie kuschelt sich gemütlich auf dem Schoß des Zweibeiners ein. Aber dann kommen Mama und die Geschwisterchen.

ist er freundlich oder freut sich. Klemmt er ihn zwischen den Hinterbeinen ein, hat er Angst. Stellt er ihn ab, zeigt dir das, dass er gerade sehr angespannt ist und besonders gut aufpasst.

Auf einmal ziehen interessante Düfte in die Hundenasen. Mmh, riecht das lecker!
Ria hat kleine bunte Schüsselchen mit Futter gefüllt. Jetzt wird es Zeit, die Nahrung umzustellen, um Mamahund Nelli ein wenig zu entlasten. Ständig Milch zu geben, ist für die Hündin auch anstrengend, sie verliert an Gewicht. Außerdem reicht ihre Milch nicht mehr, damit die Welpen satt sind.

Jedem sein Näpfchen

Schnell springt Flortje auf und schaut, was ihre Brüder so treiben. Auch Nellis Mutter und Schwester sind gekommen, um den Nachwuchs zu begrüßen. Ihre Schwänze sind viel buschiger als die der kleinen Welpen. Freundlich wedeln sie damit. Hundeschwänze zeigen deutlich die Stimmung an. Wedelt der Hund damit,

Nach anfänglichem Zögern und Schnuppern schmatzen die Welpen das Futter weg. Ria füttert durchgedrehtes Fleisch, Milchflocken, Vitamintropfen und Kalk. Es schmeckt so gut, dass die Hündchen beinahe noch die Näpfe mit auffressen.
Caruso hat den grünen Napf bekommen und hält ihn nun ganz fest, so, als wollte er fragen: „Und, gibt es noch mehr?“ Aber mehr gibt es nicht. Der kleine Hundemagen muss sich erst langsam an anderes Futter gewöhnen. Flortje hat den rosa Napf bekommen.
Vom Fressen erschöpft liegt sie ganz platt davor. Ob man mit Näpfen spielen kann?

Und ob. Flortje wirft den rosa Napf in das Hundeplanschbecken. Hey, das ist lustig. Ein echter Retriever findet Wasser toll und das schon von Babybeinen an. Es macht ihm gar nichts aus, mittendrin zu stehen. Das Wasser an den Pfoten schmeckt viel leckerer als das aus dem Napf.
Danach ist das »Abtrocknen im Gras« für Hunde typisch. Sie schieben sich über den Erdboden. Enrico trocknet besonders seinen Kopf im Gras ab, sodass er hinterher ein wenig »grün« im Gesicht ist.

Nelli guckt immer wieder nach ihren Jungen, dass auch ja keines davonläuft.

Sie putzt und leckt sie, legt sich zu ihnen in den Schatten, bis sie wieder aufwachen.

Da sind schon doch schon wieder zwei von ihnen auf Tour.

Mal sehen, was die Schlingel diesmal gefunden haben.

Kontakt, wollen spielen und ihrem »Rudel« nahe sein. Du brauchst Zeit für deinen vierbeinigen Freund.
Nicht überall ist die Hundehaltung erlaubt. In der Stadt, wo die Menschen in Hochhäusern oder Mietwohnungen leben, verbietet der Vermieter oft, Tiere zu halten. Deshalb muss erst um Erlaubnis gefragt werden, bevor ein Tier angeschafft wird.

Ein Gefährte für viele Jahre

Im Garten gibt es so viel zu entdecken. Zum Glück schafft es Peterle noch nicht, den Holzscheit mitten aus dem Stapel zu ziehen. Ob es zu zweit oder zu dritt klappt? Auch nicht!

Hunde sind Heimtiere, die meist in der Wohnung gehalten werden. Sie wollen nicht fern der Familie angekettet sein oder den ganzen Tag in einem Zwinger sitzen. Sie brauchen

Du solltest dir auch klar darüber sein, dass ein Hund dann viele Jahre in deiner Familie lebt. Du kannst nicht einfach in die Ferien fahren und ihn zurücklassen, aussetzen oder abgeben. Du hast eine Verantwortung übernommen, der du dich stellen musst. Sorge stets gut für dein Tier, denn wenn du es nicht tust, machst du dich sogar strafbar. Wer Tiere quält oder aussetzt, verstößt gegen das Tierschutzgesetz.

Überlege dir auch vorher, ob deine Familie genug Geld hat, das Tier zu versorgen. Außer Futter und Zubehör fallen Tierarztkosten und Hundesteuer an.
Wie lange dein Hund lebt, hängt von seiner Gesundheit ab. Er kann 10 bis 16 Jahre alt werden, ein Hamster höchstens drei Jahre. Mit dem Alter verändert sich das Tier ebenso, wie wir Menschen das auch tun.
Auch ein Hund wird manchmal krank, langsamer, vielleicht sogar gebrechlich. Dann musst du Verständnis für deinen Hund haben, denn er ist auf deine Liebe und Hilfe angewiesen.

Komm, spiel mit mir!

Da liegt ja noch der tolle blaue Abtreter, den man zum Tauziehen nehmen kann. Ob er hält?
Hau ruck! Caruso stemmt die kleinen weißen Pfoten auf die Rampe und zieht. „Zwei gegen einen ist unfair!", brummt er. Das sieht Flortje nicht ein. „Los, kommt", fiept sie laut. Da kommen auch noch Peterle, Max und Frodo herbei. Ob der Abtreter heil bleibt? Was meinst du? Schließlich zerren fünf kräftige Hundekinder an ihm. Wie gut, dass er nicht so leicht zerreißt und auch bald langweilig wird. Schau, da ruhen sie sich schon wieder aus!

Die Aufzucht von Hunden ist gar nicht so einfach, wie es klingt. Viel Zeit und Zuwendung ist nötig, damit sich aus den Welpen familientaugliche, freundliche Hunde entwickeln. Je mehr sie gepflegt, je liebevoller sie behandelt werden, um so besser gliedern sie sich später in ihr neues Rudel

und Zuhause ein. Für den Hund ist die Familie das Rudel und derjenige, der mit ihm übt, ihn füttert, ihn notfalls zurechtweist, ist der Rudelführer, der Oberhund, dem sich der wohlerzogene Hund unterordnet.

Wer seinen Hund zu sehr verwöhnt und diese Rolle in Frage stellt, wird immer Probleme mit der Erziehung haben. Dann hört der Hund nicht so gut und versucht selbst, die Rolle des Rudelführers zu übernehmen.

Auf eigenen Wegen

Wo ist denn Flortje hin? Gerade saß sie noch lieb in der Wiese, jetzt ist sie verschwunden.

Da ist sie ja! Sie hat den Teich entdeckt und geguckt, ob die komischen weißen Vögel dort mit ihr spielen wollen. Für Flortje gibt es eine Menge in dem großen Garten zu entdecken. Sie untersucht den Teich, kaut am Ufer auf den Binsen herum und versucht, in den Wasserstrahl zu beißen. Wieso er sich bloß nicht fassen lässt? „Ob ich lieber schwimmen gehe?", scheint sie sich zu fragen. Aber Mama Nelli ist das gar nicht recht. Sie lässt Flortje noch nicht in den Teich hinein, sondern führt sie zurück zum Rudel. Der Tag kommt früh genug, an dem die Hundekinder ihrer Wege gehen.

Menschen, die Tiere haben, sind oft viel fröhlicher als andere Menschen. Die Tiere bringen sie oft zum Lachen.

Es spielt keine Rolle, ob du einen Rassehund hast oder einen Mischling. Hund ist Hund – es liegt an uns, wie »gut Freund« wir mit ihm werden.

Hundespiele

„He, wirst du wohl weggehen!“ Frodo springt auf Caruso zu und tappt mit der großen Pfote nach ihm. Er wirft ihn einfach um und nimmt ihn in den Hundeschwitzkasten, stellt beide Pfoten neben Carusos Kopf und knabbert an ihm herum. Da hilft auch kein Strampeln mit den Hinterbeinen.
Die kleinen Milchzähnchen sind ganz schön spitz. Erst in den nächsten Monaten verliert sie der Welpe und bekommt sein kräftiges Gebiss mit den dolchartigen Eckzähnen, den kräftigen Backenzähnen und den scharfen Reißzähnen, die das Fleischfressergebiss ausmachen.
Wie gut, dass Nelli kommt und sich einmischt. Sie bringt die ganze Meute auf Trab und jagt alle durch den Garten, so dass die Schlappohren ordentlich fliegen.

Hast du Freunde, die große Angst vor Hunden haben?

Dann erkläre ihnen, dass Hunde Hetzjäger sind, die ihre »fliehende Beute« hetzen. Weglaufen hat deshalb keinen Sinn, der Hund ist immer schneller als der Mensch.

Wenn du rennst, bist du nichts anderes als eine Beute. Bleibst du aber stehen, ganz still, bist du eher uninteressant und wirst meist nur neugierig beschnuppert.
Also: Ruhe bewahren!
Nur wenige Hunde sind wirklich aggressiv.

Lernen fürs Leben

Im Nu vergeht die Zeit. Die Welpen wachsen schnell. Mit 8 Wochen werden neue Besitzer für die Kleinen gesucht:
Menschen, die viel Zeit haben, ein wenig Hundeverstand besitzen und bereit sind, diese Hunderasse mit all ihren Bedürfnissen kennenzulernen. Das ist gar nicht so einfach, denn zum einen hat man die Welpen lieb gewonnen und es ist schwer, sich von ihnen zu trennen. Zum anderen ist es aber auch gerade der richtige Zeitpunkt, um sie an ein neues »Rudel« zu gewöhnen, sodass sie ihre Geschwister nicht zu sehr vermissen.

Es kann aber dennoch vorkommen, dass ein Welpe, den du die ersten Nächte bei dir hast, weint und seine Geschwister und seine Mutter sehr vermisst. Dann musst du ihn trösten und daran denken, dass er ja noch ein Baby ist.
Je mehr du dich mit dem Hund beschäftigst, um so schneller gewöhnt er sich ein.
Retriever sind sehr lernwillig und wollen beschäftigt werden.
Am See zeigt Nelli ihren Welpen, was ein Retriever leisten kann. Auf Zuruf holt sie ein

den See und kehrt dann um. So war es noch nicht richtig. Aber bald wird auch sie perfekt die »Beute« bringen.

Vom Uferschlamm sind die Welpen ganz schmutzig geworden Sie schütteln sich und wälzen sich im Gras. In der Sonne trocknen sie schnell.

Spielzeug aus dem Wasser und legt es an Land vor Frauchens Füßen ab.
Da die kleinen Welpen noch unsicher sind, kommen die Kleinen an die lange Schleppleine, ehe für sie ein »Dummy«, die künstliche Beute, ins Wasser geworfen wird.

„Hol!", ruft Frauchen auffordernd.
Und nun springt Flortje ins Wasser und strampelt los. Sie schwimmt ein Stück in

Ein neues Rudel

Flortjes neue Familie hat die Welpen regelmäßig besucht. Sie haben Flortje wachsen sehen und selbst viel dabei gelernt, auch, wie wichtig es ist, einen so großen Hund ausreichend zu beschäftigen.

Hunde brauchen viel Auslauf und Beschäftigung, damit sie ausgeglichen und freundlich bleiben. Sie spielen für ihr Leben gern. Du kannst Bälle werfen, Frisbee-Scheiben, Stöckchen und allerlei Spielzeug, das du kaufen kannst. Hunde, die gerne spielen, holen zum Spaziergang schon ihr Spielzeug herbei, laufen aufgeregt und auffordernd voller Freude hin und her. Wenn du Glück hast, geben sie dir auf Kommando das Spielzeug. Dann sind sie gut erzogen. Oder eben nicht, dann kannst du aus Leibeskräften daran ziehen und wirst es nicht schaffen, ihnen das Spielzeug wegzunehmen.

Ein sehr lauffreudiger Hund rennt sogar neben dem Fahrrad her, schwimmt mit dir im See oder joggt bei Fuß mit durch den Wald. Wenn du genug Zeit hast, würde er mit dir den ganzen Tag unermüdlich in Bewegung sein und dich überall hin begleiten. Allein zu Hause ist er gar nicht gern.

Wenn du da bist, sitzt er bei dir und kuschelt sich an deine Füße, manchmal dreht er sich auf den Rücken, als ob er sagen wollte: „He, du hast doch gar nichts zu tun, streichel mich am Bauch!“

Der Hund ist ein Rudeltier. Das Bestreben sich anderen anzuschließen, ist ihm angeboren, denn die Gemeinschaft bietet ihm Schutz. Schnell erkennt er den Menschen als »Oberhund« an, der ihn versorgt, füttert und pflegt.

Ein Hund zeigt sich dankbar, indem er seinem Herrn absolut treu ist.
Er zeigt seine Freude, springt an dir hoch, wedelt mit dem Schwanz und leckt deine Hand. Ist er traurig, liegt er in der Ecke und lässt die Ohren hängen und wenn er krank ist, versteht er die Welt nicht und verkriecht sich still in einer Ecke. Dann ist er auf dich, deine gute Beobachtungsgabe und Hilfe angewiesen.

Hunde sind toll und wir staunen über ihre vielfältigen Fähigkeiten.
Du hast schon gelesen, was sie alles können und arbeiten. Ganz viele von ihnen sind einfach »Familienbegleithunde«.

Hunde können uns beschützen, uns helfen, uns an ihrer Fröhlichkeit teilhaben lassen, uns Gesellschaft leisten und uns ganz oft zum Lachen bringen. Nur wer ein Tier hat, weiß, wie gut es unserer Seele tut.

Klar, es muss kein Retriever sein. Es gibt ungefähr 400 Hunderassen und jede Menge lustige und liebenswerte Mischlinge.

Unsere weiteren Fotosachbücher: brillant, informativ,

978-3-930038-45-9

978-3-930038-13-8

978-3-930038-24-4

978-3-930038-17-6

978-3-930038-74-9

978-3-930038-15-2

978-3-930038-04-6

978-3-930038-64-0

978-3-930038-68-8

978-3-930038-38-1

978-3-930038-67-1

978-3-930038-25-1

978-3-930038-87-9

978-3-930038-46-6

978-3-930038-47-3

978-3-930038-63-3

978-3-930038-34-3

978-3-930038-36-7

978-3-930038-35-0

978-3-930038-73-2

In Ihrer Buchhandlung oder Verlag Heiderose Fischer-Nagel, Brunnenstraße 7, D-34286 Spangenberg-